Lk 3112.

LA GROTTE

D'HAUTECOUR

LA GROTTE

D'HAUTECOUR

DANS LE REVERMONT

(AIN)

LYON
CHANOINE, IMPRIMEUR
Place de la Charité, 18.

1850

LA GROTTE

D'HAUTECOUR

DANS LE REVERMONT

Je ne sais qui comparait un jour la Bresse riche, fertile, mais un peu monotone, à ces bonnes et modestes ménagères dont les vertus et les qualités font l'aisance d'une maison, tandis que le Bugey, avec ses cascades magnifiques, ses hauts rochers, ses grottes, ses lacs, ses vallons alpestres, ressemblait à ces fils de famille pleins d'élégance et de séductions, qui plaisent, qui captivent, mais que leur industrie ou leur travail ne saurait nourrir, et qui ne mènent grand train dans le monde que grâce à la fortune de leurs parents et surtout grâce à la tendresse d'une mère qui veille sur eux avec sollicitude et qui prévient tous leurs désirs.

La Bresse a voulu montrer que les qualités de la ménagère ne sont point incompatibles avec ce brillant qui attire et qui éblouit. Elle a voulu donner quelque chose à la frivolité, et son coup d'essai a été heureux puisqu'il nous a valu la grotte d'Hautecour.

A trois lieues de Bourg, après avoir traversé le beau village de Ceyseriat et la jolie vallée du Suran, on trouve, avant d'arriver à la rivière d'Ain, l'ancien château des sires de Buenc, dont les ruines rappellent une famille qui ne fut pas sans gloire, et au pied du vieux château, un village qui ne manque ni d'aisance, ni de gaîté, c'est Hautecour.

Le plus ancien seigneur de Buenc connu de Guichenon fut Guillaume, qui vivait en 1180. Un de ses neveux, Manassès, fut abbé d'Ambronay ; un de ses petits-fils, Humbert, fut enterré dans l'église d'Hautecour, et son inscription, que Guichenon rapporte, se voit aujourd'hui dans la maison curiale, où on en a le soin que mérite son antiquité. Elle est ainsi conçue :

† HIC JACET
HUMBTUS :
DE BUENQ :
DOMICELLU
S : QI : OBIIT :
: ANO : DNI : M :
: CC : LXXX :

Sur une autre pierre, aussi bien conservée mais autrement taillée, on lit ce complément :

V : MENSE...MAII : Cui
AIA : REQUIESCAT : IPA
CE : AM : ORATE : P.AIA : E : I.

Guichenon a lu avec des variantes : *Hic jacet Humbertus de Buenco, domicellus, qui obiit anno Domini* M CC.LXXXII. *Die V.mensis Maii; cujus anima requiescat in pace, orate pro anima ejus.* « Ci-gît Humbert de Buenc, damoiseau, qui mourut l'an du Seigneur 1282, le cinquième jour de mai. Que son âme repose en paix. Priez pour son âme. »

On voit qu'il ajoute : *Die*, qu'il a lu *mensis* pour *mense*, et qu'il fait un seul mot, *eius*, des lettres E:I. séparées par deux points; mais il a fait une erreur en lisant 1282 au lieu de 1280, et la pierre, aujourd'hui encore en bon état, devait l'être bien plus, il y a deux siècles, lorsque le savant historien vint la visiter.

Ces inscriptions, jalons précieux de l'histoire, devraient être conservées dans tous les villages, et nous aimerions à les voir enlevées aux dallages des églises, où elles s'usent rapidement sous les sabots des fidèles, et incrustées à une certaine hauteur dans les murailles, de manière à les mettre à l'abri des vandales, tout en les laissant à la portée des visiteurs et des curieux.

Un Jean de Bueno, qui vivait dans le quinzième siècle, épousa Gabrielle d'Urfé, fille d'Arnoul d'Urfé, seigneur de La Bastie, en Forest. On aime à retrouver ce nom poétique des Urfé dans les annales de notre vieille Bresse. Six enfants naquirent de ce mariage ; l'aîné, Antoine, suivit en Chypre Louis de Savoie qui allait prendre possession de son royaume. En lui finit cette maison puissante, dont les biens passèrent à des héritiers d'un autre nom. Ce fut son beau-frère, Philibert de Compeys, qui recueillit la plus forte part de l'héritage.

Suivant M. de la Teyssonnière, dans ses *Recherches historiques sur le département de l'Ain* : « La seigneurie de Buenc était (en 1300) très importante, parce que ce château commandait le chemin le plus direct entre Bourg et Nantua. Il y avait un marché établi sous les murs de ce château ; il y avait aussi un petit village dont on peut encore voir quelques vestiges. »

Le château de Buenc, dont les ruines font un effet si pittoresque au-dessus du vallon d'Hautecour, après avoir été construit par les seigneurs dont il avait le nom, après avoir appartenu aux Beaujeu, aux La Baume, passa aux mains des Coligny qui le gardèrent jusqu'à la fin de la féodalité. Un temps venait où les châteaux forts ne devaient plus protéger leurs maîtres et où les hautes tours ne devaient plus être qu'un ornement à l'horizon. Les Loubat possédèrent cette seigneurie, après les Coligny, jusqu'en 1789. Enfin, la dernière héritière des Loubat de Bohan apporta en dot, il y a peu d'années, ce domaine féodal qui n'était plus qu'un domaine utile à M. Grangier de Vougeot qui le possède aujourd'hui.

La commune est un pays de culture sans être riche. Des couches, d'un sable blanc très pur, près des Fourches Patibulaires, à un kilomètre environ de la tour de Buenc, ont été exploitées au profit de la verrerie de Sapey, dans le Bugey. Une faïencerie de Bourg tire d'Hautecour sa terre, qui paraît d'une bonne qualité, et qui pourrait donner lieu peut-être à une exploitation plus étendue.

La route qui traverse le village lui donne quelque peu d'activité. L'église, réparée et bien tenue, fait bon effet dans le paysage dont elle coupe l'uniformité. Sa construction première peut remonter au moins au XIe siècle. Son joli portique roman est orné de deux colonnettes à chapitaux d'un travail curieux.

La montagne au nord ouest d'Hautecour était autrefois couverte d'une sombre forêt. La civilisation, qui marche et qui a la prétention de tout améliorer dans sa course, a converti la montagne boisée en une côte aride et rocailleuse. En certains endroits on a planté de la vigne ; on laboure ce qui est arable, le reste est abandonné aux troupeaux du village, sous la garde plus ou moins vigilante de leurs bergers.

Lorsque le soleil était ardent, lorsque la pluie et l'orage inondaient la montagne, les bergers avaient l'habitude de se réfugier dans une excavation en forme d'entonnoir, où, à l'abri d'un rocher qui s'arrondissait en voûte au-dessus de leurs têtes, ils se trouvaient garantis de l'intempérie des saisons. Là, on allumait un feu, centre du cercle ; on faisait des jeux, que je veux croire innocents, et surtout on racontait des histoires dont plus d'un romancier aurait voulu être auditeur. On disait de belles aventures de fées ou de revenants. On citait des vieillards dont la jeunesse avait vu ou entendu des choses incroyables, et le lieu où le jeune auditoire se trouvait se prêtait merveilleusement à ces récits, puisqu'il était le vestibule de la prison du diable, et que nul endroit dans le pays n'avait été témoin de tant de prodiges que le souterrain à la porte duquel on était assis.

Dans plusieurs provinces, les bergers n'osent entrer dans les grottes consacrées aux Fades sans faire une offrande aux divinités du lieu ou sans prononcer quelques paroles pour se les rendre favorables. L'offrande est une petite branche de tel ou tel arbre, un mince morceau de pain, quelquefois une goutte de lait; les paroles sont un salut, un vœu dont la formule enseignée par les anciens est soigneusement cachée aux bourgeois et surtout au curé. Grâce à ces précautions, les Fades ne se fâchent point de voir des créatures humaines dans leurs demeures, et quelques unes ont même rendu des services importants. A Hautecour, la puissance des fées avait, nous le croyons, cédé au pouvoir supérieur du démon. Des esprits fréquentaient bien peut-être les abords de la grotte redoutable, mais le maître de ces lieux était un homme rouge occupé souvent à écrire avec une plume de feu sur une table noire; ceux qui l'ont vu en rendent témoignage, et tout le monde reconnaissait le prince des ténèbres dans ce sombre et terrible écrivain.

Nous n'oserions citer Bacon-Tacon dans un ouvrage sérieux qu'en prenant toutes nos réserves. Comme il ne s'agit ici que de légendes, nous transcrirons son article et avec d'autant plus d'empressement que son opinion s'accorde sur plus d'un point avec la croyance des habitants de la contrée.

« Le château et la famille de Buenc, appartenant à la Bresse et non au Bugey, je ne m'arrêterai à ce nom que pour observer qu'il signifie *forte enclume*, ce qui semble indiquer une forge ou même un ancien temple du Vulcain celtique, considéré comme le dieu forgeron ou comme l'enclume personnifiée, en sorte que Buenc serait une des dénominations mystiques de Vulcain. »

Bacon-Tacon aurait-il dit vrai? et l'homme rouge dont on parle aujourd'hui serait-il un souvenir de l'ancien culte de nos pères?

Au fond de la voûte d'entrée s'ouvre un corridor d'un mètre et demi de largeur et d'une élévation qui varie entre trois et sept mètres, suivant les mensurations de M. le curé d'Hautecour, à qui nous empruntons ces détails. On descend par ce sombre passage pendant la longueur d'une soixantaine de mètres ou d'une centaine de pas, et là les bergers, les chasseurs que la curiosité attiraient, retenus par la présence d'un noir précipice, s'arrêtaient, écoutaient, cherchaient à provoquer l'esprit de l'abîme au fond de sa demeure, et, sûrs de l'impunité, malgré sa colère, lui jetaient des quartiers de rochers qui lui faisaient pousser de formidables gémissements. Les plus hardis alors se retiraient à petits pas, en prêtant longtemps l'oreille. Les plus peureux s'enfuyaient avec toute la vitesse que permettaient la rapidité de la montée, et une émotion qui ne disparaissait qu'au grand jour; nul n'aurait eu la pensée de descendre dans le fond du précipice. Les difficultés matérielles de l'entreprise n'étaient que la moindre raison pour empêcher de commettre une imprudence qui pouvait avoir des suites funestes; aucun visiteur ne voulait courir les chances d'une rencontre à laquelle on ne songeait pas sans frémir.

La nuit, nul n'aurait osé s'approcher de la caverne, car les liens du Diable étaient relâchés, et, nous racontait une personne digne de foi, tout le monde savait dans le village : « que si quelque bûcheron chargé et surpris par la pluie déposait son fagot sous la voûte, si une femme y laissait l'herbe qu'elle avait amassée, tout avait disparu le lendemain. »

Deux ans ne s'étaient pas écoulés depuis la nomination de M. Perrodin à la cure d'Hautecour, lorsque, le 21 novembre 1848, le jeune et intrépide curé voulut explorer les merveilles souterraines de la grotte et mettre fin aux bruits de la crédulité. Accompagné de quelques jeunes gens du pays, que son exemple rassure à peine et qui le blâment tout bas de sa témérité, il s'arme d'une torche, se fait soutenir avec des cordes, et s'aidant de toutes les aspérités de la route, suspendu au-dessus d'un abîme dont il ne connaît pas la profondeur, bravant les dangers d'un air vicié et d'exhalaisons qui peuvent être mortelles, il descend courageusement, excite de la voix ses compagnons, promène son regard étonné dans tous les sens, descend encore et arrive enfin sur la terre ferme à soixante-et-quinze mètres de profondeur. Quel fut le ravissement du jeune voyageur lorsqu'il eut pris possession de ce domaine! lui seul pourrait le dire. Il cherche le maître de ces lieux. Il n'y en a plus. Les esprits infernaux ont cédé la place au génie de l'homme, mais en se retirant ils ont laissé des traces de leur passage. Le sol sur lequel se pose le pied est un sable d'or qui n'attendait plus qu'une courte série d'opérations pour être converti en lingots d'une valeur incalculable. Ou peut-être ce sable était-il de l'or pur que le démon s'est hâté en s'enfuyant de convertir en une matière sans valeur, pour tromper l'avarice humaine. Le jeune explorateur s'avance, il a été suivi par deux enfants ; leur esprit ne peut croire à ce qu'ils voient, c'est le travail des fées ; le démon ne s'amuserait pas ainsi à orner sa demeure. On se croirait dans un vaste temple, nous n'osons pas dire une église; les pétrifications les plus bizarres, les cristallisations les plus brillantes ornent les murs ; des stalactites de toutes formes pendent sur leur tête, deux stalagmites gigantesques s'élèvent de terre et vont bientôt soutenir la voûte vers laquelle on croit les voir s'élancer. L'une d'elles porte une date et un nom. Quelqu'un a déjà visité ces lieux. On lit, et sans beaucoup de difficultés, ces mots : *Le ch'. de Loubat de Bohan*, 1781.

Comment l'exemple du chevalier de Bohan n'a-t-il pas été suivi ? Comment les récits qu'il a dû faire de son voyage n'ont-ils, pendant près de soixante ans, donné à personne la pensée de l'imiter? Comment le démon est-il venu reprendre possession d'un lieu que les regards de l'homme avaient profané? Mais le chevalier de Bohan lui-même n'avait pas été le premier à pénétrer dans ce magnifique séjour. Au pied de la colonne où son nom est écrit, on trouve, en grattant la terre, des fragments de planches de sapin que la pétrification gagne et qu'elle enterre. De petits morceaux carbonisés attestent aussi la présence de l'homme. Mais à quelle époque? Faut-il remonter aux temps des Sarrasins, et penser que les habitants ont enfoui leurs familles et leurs richesses dans les profondeurs de la terre, pour les dérober aux yeux et à la rapacité du peuple qui couvrait le pays? Faut il rétrograder encore, penser aux Huns, aux Francs, aux Bourguignons? Ces rochers nous révèleront ils quelque mystère druidique? L'esprit de l'homme n'est que faiblesse, la science n'est qu'obscurité. L'homme jeté d'hier sur ce globe n'en connaît pas l'histoire; il ignore tout, jusqu'aux actions de ses pères, et quand il demande à ses contemporains le récit des événements qu'il vient lui-même d'accomplir, il écoute avec étonnement comme si on lui disait les événements d'un peuple étranger. Il se cherche et ne se retrouve pas, il demande son portrait et ne reconnait pas son image.

Quand une forêt couvrait tout le pays, la grotte d'Hautecour, que rien ne révélait, dont l'entrée était cachée par des broussailles, offrait à des malheureux, à des fugitifs, à des brigands peut-être, une retraite assurée. Une échelle pouvait servir de communication entre l'abîme et le monde. L'échelle ôtée, on était à l'abri de toute attaque. L'eau ne manquait pas; la famille ou la troupe retirée dans les parties saines du souterrain, pourvue de provisions et d'armes, pouvait se livrer à ses plaisirs et à ses joies, sans préoccupation des événements du dehors.

Près des deux colounes d'albâtre est un élégant bassin creusé par la nature. On dirait que la fontaine, étant le point de réunion des habitants de la grotte, a été ornée à dessein comme l'objet le plus exposé aux regards. Les fées ont aussi leur coquetterie. Mille jeux de leurs caprices ont embelli ce charmant endroit de leur séjour. Des pétrifications entrelacées comme des branches d'arbres, des rameaux fantastiques, des étoffes dont les plis tombent largement drapés, des cristaux qui brillent au reflet des lumières ravissent l'imagination et rappellent toutes les richesses des contes de l'Orient. Un peu plus loin, la voûte s'affaisse et arrête le voyageur, et pour visiter les autres curiosités de la grotte on est obligé de revenir sur ses pas. Le sol, frappé avec une des pierres qui ont roulé de la voûte, produit un mugissement comme si on avait un second souterrain sous les pieds. De cet endroit, le bruit d'une arme à feu retentit et se répercute avec majesté sous les voûtes. Cette expérience dangereuse, dans la plupart des grottes, a été faite plusieurs fois dans celle-ci sans attirer la chute d'aucune des pétrifications qui menacent la tête du spectateur.

Une salle, dont l'entrée est formée de petits bassins superposés, s'ouvre devant le visiteur. Ces bassins pleins d'une eau d'une extrême limpidité, offrent un danger, celui de faire prendre de fort jolis bains de pied au voyageur inattentif ou distrait. Là, une bifurcation se présente : à droite est la *salle des tom-*

beaux encombrée de pierres énormes, dont quelques
unes affectent une forme monumentale; à gauche est
la partie la plus magnifique de la grotte. Là toutes
les merveilles ont été entassées; mais chacun les con-
temple et les admire avec le prisme de son imagination : l'un voit des cierges, l'autre des lances et des
épées; ceci est une chaire ou une tribune; ce torrent
pétrifié, dont les flots sont restés suspendus, ressemble
pour d'autres, à un vaste manteau; ces globes d'albâtre
sont pour quelques uns des courges et des oignons.
Les mille formes créées par les caprices de la nature
prennent mille noms suivant le visiteur.

Cette pièce, le plus joli réduit de la grotte entière,
n'est pas grande, mais son élévation se perd dans
l'obscurité, malgré l'éclat des torches adaptées à de
longues perches et promenées aussi haut qu'on peut
atteindre. Les murs brillent, scintillent et laissent
découvrir des richesses que les plus intrépides collec-
tionneurs ne pourront endommager. La beauté de ce
boudoir des fées résistera donc longtemps à l'indis-
crétion des touristes, et quand la grotte sera dépouil-
lée de ses stalactites légères qui viennent jusque

dans la main, de ses stalagmites qui poussent comme les plantes d'un jardin et qu'on heurte à chaque instant du pied, il restera encore, au-dessus des atteintes du public, assez de curiosités naturelles pour faire de la grotte d'Hautecour une des grottes les plus curieuses de la France.

Revenu près de l'entrée, on a encore une pièce à visiter, c'est le clocher. Là, tout est simple, tout contraste avec la richesse du reste de la grotte. C'est bientôt vu. On n'a plus alors à s'occuper que du retour, qui n'offre pas maintenant de grandes difficultés. Lorsqu'en 1781, le chevalier de Bohan, son compagnon M. de Varennes, et le petit berger qui était descendu avec eux et à qui on donna douze francs pour son courage, lorsqu'en 1848, M. Perrodin, et les deux enfants de chœur qui l'avaient suivi, se représentèrent devant l'endroit appelé si pittoresquement : *Le Pas-du-Diable*, il leur fallut plus que de l'adresse pour se faire de nouveau monter avec les cordages qui les avaient descendus. Que de frottements contre les rochers ! que de balancements ! Aujourd'hui, de fortes et solides échelles sont établies, tout le monde, les dames surtout, ne goûtant pas la manière de voyager de nos intrépides explorateurs.

On regagne facilement le couloir, et, avec l'aide d'une corde attachée le long du rocher, on commence la seconde partie de l'ascension ; mais là est encore une curiosité. A deux mètres de l'échelle on lit :

Le marquis de Coligny, arrivé 31 avril 1631.

Il est à peu près certain que le marquis n'est pas allé plus loin. Il crut cependant avoir assez fait pour se décerner à lui-même cette inscription. Vis-à-vis, on voit cette autre inscription écrite au charbon :

Ch... n'a pas osé descendre.

On pense que M. de Boban, à une première tentative, fut effrayé de la profondeur du précipice, mais qu'à son second voyage, après avoir triomphé, avec M. de Varennes, de toutes les difficultés, il effaça son nom, en laissant le reste de la phrase. On prétend que, dans sa promenade souterraine, M. de Varennes laissa ou perdit son jonc à pomme d'or. Il n'a pas été retrouvé.

La tradition rapportait qu'un âne, poursuivi par

un chien, s'était, on ne sait à quelle époque, engagé dans le passage étroit, et avait péri dans l'abîme. On a retrouvé les ossements du pauvre animal. Un travail de cristallisation s'était déjà opéré autour de la colonne vertébrale, et produisait de singuliers effets. On ne peut faire cependant remonter cet accident à une époque éloignée, à un siècle peut-être, tout au plus.

Une autre trouvaille plus importante, c'est celle d'un avant-bras humain. M. le curé d'Hautecour était empressé de soumettre sa découverte aux gens de l'art ; un amateur en a fait son profit. Ce débris paraissait avoir appartenu à un homme de petite taille.

Enfin on est dehors, on se hâte de courir au soleil, et, nous devons le dire, c'est avec une véritable satisfaction qu'on retrouve des champs, des vallons et le grand air. Les sombres voûtes qu'on vient de quitter font apprécier davantage le tableau qu'on a sous les yeux, la vallée de Villereversure et le joli cours du Suran.

D'après la notice de M. Perrodin, la grotte d'Hautecour, située au versant ouest de la seconde chaîne de montagnes du Revermont, est à 443 mètres au-dessus du niveau de la mer, à 1850 mètres nord de la vieille tour de Buenc et à 975 mètres ouest nord du hameau de Soiriat.

La grotte, proprement dite, a 75 mètres de profondeur au-dessous du sol. La salle principale, appelée la *Basilique*, a 68 mètres de longueur et une élévation qui varie de 7 jusqu'à 30 mètres. Le clocher a de 25 à 30 mètres de hauteur.

On n'a qu'à se louer du zèle, de la complaisance et des soins de M. Rosier, fermier de la grotte. M. Cherel, maire de la commune, a une bonne auberge. Si nous n'avions peur d'être indiscret, nous conseillerions, comme complément de la visite au domaine souterrain, une visite à celui qui en a révélé les beautés. Entendre les récits du jeune curé vaudrait mieux que lire les présentes pages ; on y trouverait toute la différence qui existe entre la nature et un tableau.

A. Vingtrinier.

www.ingramcontent.com/pod-product-compliance
Lightning Source LLC
Chambersburg PA
CBHW060559050426
42451CB00011B/1988